뚜벅뚜벅
우리 역사

역사학자와 함께 떠나는
뚜벅뚜벅 우리 역사

1판 1쇄 찍은날 2011년 3월 10일
1판 1쇄 펴낸날 2011년 3월 15일

글쓴이 · 송만영
그린이 · 이우창
펴낸이 · 김영진
펴낸곳 · 진인진
등록 · 25100-2005-000003
편집 · 위원석
디자인 · 골무
주소 · 경기도 과천시 별양동 1-14 과천 오피스텔 614호
전화 · 02-507-3077~8
팩스 · 02-507-3079
홈페이지 · www.zininzin.co.kr
이메일 · pub@zininzin.co.kr

ⓒ진인진 2011
ISBN 978-89-6347-062-7 73900

뚜벅뚜벅
우리 역사
청동기시대 편

송만영 글 | 이우창 그림

진인진어린이

청동기시대 유물을 통해 알아보는 과거 여행

고고학자라면 한 번쯤은 과거로 되돌아가고 싶은 상상을 해 보곤 합니다. 타임머신을 타고 과거로 가면 상상했던 것을 실제로 볼 수 있을 것이라는 기대 때문이지요. 옛날 사람들은 어떻게 살았을까? 무엇을 먹고, 무슨 옷을 입고, 어디에서 잠을 잤을까? 하는 궁금증 때문에 항상 우리는 과거로 되돌아가고 싶은 유혹에 빠지곤 합니다.

그러나 영화 속에 등장하는 타임머신이라는 기계는 당장 발명되지 않을 것 같습니다. 그래서 고고학자들은 타임머신이라는 획기적인 기계를 기다리기보다는 타임캡슐을 찾아 나섭니다. 타임캡슐에는 옛날 사람들이 어떻게 살았는지, 그 흔적이 고스란히 담겨 있기 때문입니다. 고고학자들은 유적이라고 불리는 타임캡슐을 열어 궁금증을 풀어 줄 여러 가지 단서를 모읍니다. 고고학자들은 이를 발굴 조사라고 하는데, 땅속에 묻혀 있는 집터와 무덤 등의 구조물과 함께 옛날 사람들이 사용했던 물건들을 캐내는 작업을 말합니다.

그렇지만 발굴 조사에서 얻어진 단서들은 모두가 조각난 단서들로 그 자체만으로 옛날 사람들의 삶을 복원하는 데에는 어려움이 있습니다. 따라서 각각의 단서들을 이어 붙이는 연구를 하게

되는데, 마치 퍼즐을 완성시키는 것과 흡사합니다. 다만 퍼즐과 다른 점은 발굴 조사에서 얻어진 단서들이 완벽하게 남아 있지 않다는 점입니다.

오늘날 우리가 볼 수 있는 청동기시대의 모습은 고고학자들이 발굴 조사에서 찾은 여러 가지 퍼즐 조각들을 이어 붙인 것입니다. 그래서 군데군데 빠진 부분도 있고, 잘못 맞추어진 퍼즐 조각도 있습니다. 그러나 새로운 퍼즐 조각이 발견되면, 이전에 그 위치를 알 수 없었던 퍼즐 조각까지 제 위치를 찾아가기도 합니다. 따라서 이 책에서 설명하는 청동기시대 모습은 완성되지 않은 퍼즐에 가깝습니다. 완성되지 않은 부분은 이 책을 읽는 어린이들의 상상력으로 채워 나갔으면 하는 바람입니다.

이 책은 청동기시대 사람들이 어떻게 살았는지를 어린이들이 현장 체험을 통해 이해할 수 있도록 기획되었습니다. 따라서 어린이들이 답사하게 될 박물관, 유적 현장에서 갖추어야 할 덕목은 암기력이 아니라 상상력과 추리력입니다. 이 책에서 묻고 있는 답을 강요하기보다는 어린이들의 상상력에 귀를 기울인다면 이 책은 바르게 사용되었다고 할 수 있습니다. 나아가서 이 책에서 설명한 것 이상으로 어린이들이 새로운 것에 대해서 궁금증을 느낀다면 미래의 고고학자가 될 가능성이 충분하다고 봅니다.

2011년 송만영

발로 찾는 역사가 진짜 역사야

❓ 체험 학습을 재미있고 유익하게 하는 방법

『뚜벅뚜벅 우리 역사』는 가족이 함께 가는 체험 학습을 위해
만들었습니다.
즐겁고 유익한 체험 학습을 하려면 철저한 준비가 필요합니다.

❓ 체험 학습을 가기 전

1. 『뚜벅뚜벅 우리 역사』를 꼼꼼하게 읽어 보기.

2. 체험 학습 가는 곳의 지도를 구하기.

   지도를 구하는 방법
   체험 학습을 가고자 하는 지역의 시청이나 구청 홈페이지에 가서 문화 관광
   메뉴에 들어가면 관광 지도(홍보물)를 신청할 수 있습니다. 지도에는 박물관이나
   유적지뿐 아니라 주변의 관광지도 소개되어 있어 유용한 자료입니다.
   예) 고창군 홈페이지 http://www.gochang.go.kr 접속, 문화 관광 메뉴 선택.
   고창군 문화 관광 홈페이지에서 여행 가이드의 관광 홍보물 신청.

   홈페이지를 통해 지도를 구하지 못했다면?
   고속도로 휴게소의 안내소나 터미널, 역 근처에 있는 관광 안내소에 가면
   많은 자료들이 있습니다.

3. 체험 학습 가는 곳의 홈페이지 들어가 보기.
   『뚜벅뚜벅 우리 역사』에 소개되지 않은 자세한 내용들이 박물관이나
   유적지의 홈페이지에 자세하게 소개되어 있습니다.

❓ 체험 학습을 가서

1. 문화 해설사 선생님 만나기.
   박물관이나 유명한 유적지에는 문화 해설사 선생님이 있습니다.
   자원봉사자인 문화 해설사는 박물관이나 유적지에 대해 누구보다 잘

알고 있고, 재미난 설명을 해 주기 때문에 현장의 가장 훌륭한
선생님입니다.
체험 학습을 가기 전 홈페이지에서 문화 해설 시간을 확인하기
바랍니다.

2. 체험 학습 프로그램을 적극 활용하기.
   박물관에서는 체험 학습 프로그램을 운영하고 있습니다.
   유물 복제품을 손으로 느낄 수도 있고 때로는 좋은 결과물을
   만들 수 있습니다.
   체험 학습 프로그램의 경우 미리 예약을 하는 경우가 있으니
   확인을 해야 합니다.

3. 안내 자료 챙기기.
   박물관이나 유명 유적지에서 제공되는 안내 자료는 무료일 뿐
   아니라 내용도 충실합니다.
   특히 안내 자료의 사진은 집으로 돌아와 정리를 할 때 유용하게
   활용할 수 있습니다. 박물관에서는 카메라 촬영을 할 경우 다른
   관람객들에게 방해가 되기도 하고, 실수로 플래시를 사용하면
   유물이 손상될 수 있습니다. 유물을 볼 때에는 눈으로 보고
   사진은 안내 자료나 홈페이지에서 찾으면 됩니다. 입장권도 잘
   챙기면 좋은 추억이 될 것입니다.

❓ 돌아와서

다녀와서 보고 들은 것들을 정리하면 더욱 뜻깊은 체험
학습이라고 할 수 있습니다.
체험 학습을 가기 전에 읽었던 『뚜벅뚜벅 우리 역사』, 지도와
함께 박물관이나 유적의 안내 자료, 메모를 한 수첩, 입장권,
곳곳에서 찍은 사진들은 소중한 자료입니다. 이것을 잘 기록하면
나만의 문화유산 답사 책이 됩니다.

더 궁금한 내용이 있으면 도서관이나 서점, 홈페이지에서 자세한
내용을 찾아보세요.

눈으로 떠나는 역사 여행

사람들이 처음으로 금속을 만들어 썼던 시기를
청동기시대라고 합니다.
청동기시대에 무엇보다 중요한 것은 농사 기술과 가축을 키우는 기술이
발달하면서 사람들이 떠돌이 생활을 그만두었다는 것입니다.
사람들은 한곳에 자리를 잡고 큰 마을을 이루며 살게 되었고
시간이 지나면서 나라를 세우기 시작했습니다.

11

　돌을 깨고 갈아서 사용하던 사람들이 처음으로 금속을 만들어 사용한 시대를 청동기시대라고 합니다.

　그렇다고 청동기시대가 단지 금속을 만들 수 있게 된 시대만을 의미하는 것은 아닙니다. 청동기시대 사람들은 석기시대와는 전혀 다른 생활 모습을 보여 주고 있습니다.

　농사 기술과 가축을 키우는 기술이 발달하면서 사람들은 더 이상 먹을 것을 찾아 떠도는 생활을 하지 않고 정착 생활

구석기시대
70만년 전

신석기시대
10,000년 전

을 하게 되었습니다. 식량에 여유가 생기면서 더 많이 가진
사람과 덜 가진 사람, 권력을 가진 사람과 권력자를 따르는
사람으로 계층이 나뉘게 됩니다. 지배층은 권력을 강화하기
위해서 값비싼 청동기를 소유하려고 했고, 이에 따라 마을 집
단 사이에 교역이 활발하게 이루어졌습니다.

각 지역에 정착한 집단들은 서로 경쟁하고 전쟁하며 점점
큰 집단으로 합쳐지게 됩니다. 큰 집단들이 나타나면서 국가
가 만들어지기 시작합니다. 우리 역사의 첫 번째 국가인 고
조선이 출현하는 때가 바로 이 시기입니다.

청동기시대
4,000년 전

청동기는 구리와 주석을 녹여 만듭니다. 그런데 구리와 주석은 그 당시에 쉽게 구할 수 있는 것이 아니었습니다. 더구나 구리와 주석이 있다고 해도 전문적인 기술과 지식이 있어야 청동기를 만들 수 있었기에 청동기는 희귀하고 값비싼 물건이었습니다.

그때 사람들이 어떻게 청동기를 만들었는지 함께 살펴봅시다.

아래 사진은 실제 거푸집 안에서 완성된 청동기의 모습입니다.

거푸집 완주 갈동, 길이 33㎝　　**청동검** 전남 화순 대곡리, 국보 143호

1. 돌이나 흙으로 알맞은 모양의 거푸집을 만듭니다.

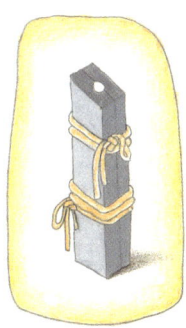

2. 두 쪽의 거푸집을 끈으로 단단히 고정시킵니다.

3. 불이 활활 타오르는 도가니에 구리와 주석을 넣습니다. 이때 구리와 주석의 비율이 잘 맞아야 합니다. 구리와 주석이 다 녹으면 그 쇳물을 받아 냅니다.

4. 고정시킨 거푸집 구멍 사이로 쇳물을 붓습니다.

5. 쇳물이 식어 굳었을 때 거푸집을 떼어 냅니다.

6. 완성된 청동기를 숫돌에 갈아 날을 세웁니다.

7. 나무 손잡이나 자루를 달면 완성!

　　우리나라에서 청동기가 만들어진 것은 지금으로부터 3,000년 전이었습니다.

　　청동기가 만들어졌다고 해서 생활 도구들을 모두 청동기로 만들었던 것은 아닙니다. 청동기는 귀한 것이어서 지배자가 아니면 좀처럼 가질 수 없었습니다. 햇빛에 반사되어 번쩍거리는 청동기는 지배자가 하늘의 뜻과 닿아 있는 사람처럼 느끼게 했습니다. 제사용 방울에서 들리는 딸랑 소리도 지배자를 신령스러운 존재로 받아들이게 했습니다. 청동기는 지배자들의 권위와 위엄을 과시하기에 적합한 최첨단 소재였습니다.

청동기시대 사람들이 농사를 짓고 생활을 하는 데 필요한 도구들은 여전히 돌을 이용한 것이었습니다. 하지만 신석기시대의 석기보다 훨씬 정교하고 발전된 도구들을 사용했습니다. 청동기시대의 석기는 용도에 맞게 전문화되었으며, 제작 기술이 발달하여 날이 보다 예리해졌습니다.

청동기가 지배자의 권위를 상징하기도 했지만 석기 역시 지배자의 권위를 나타내는 도구로 사용되었습니다. 정교하게 갈은 돌칼이나 돌로 만든 달도끼, 별도끼는 실제 생활에 사용한 것보다 상징적인 의미로 쓰였습니다.

지배자가 사용한 석기

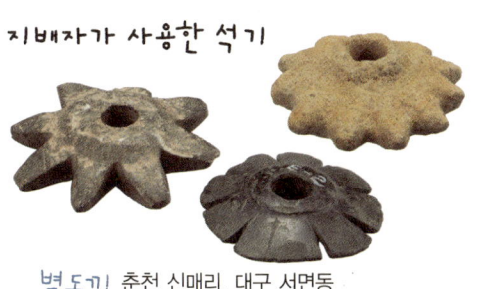

별도끼 춘천 신매리, 대구 서면동

돌칼
청도 진라리
길이 67㎝

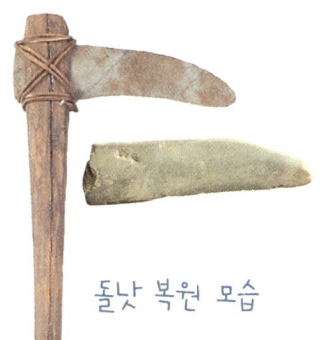

돌낫 복원 모습

일하는 사람들이 사용한 석기

반달형 돌칼

17

청동기시대의 토기에는 신석기시대의 빗살무늬가 없어졌습니다. 작은 문양이 있기는 하지만 신석기시대의 빗살무늬 토기와 비교하면 거의 문양이 없는 것과 같습니다. 그래서 문양이 없다는 뜻의 '무문토기'라 부릅니다.

청동기시대의 사람들은 얕은 구덩이에 땔나무를 쌓고 그 위에 토기를 굽는 노천요에서 토기를 구웠습니다. 구운 토기는 그대로 사용되기도 했고 산화철을 바르거나 흑연 가루를 발라 표면을 붉거나 검게 한 후 나무나 자갈로 갈아서 윤이 나게 해서 쓰기도 했습니다.

청동기시대에는 신석기시대보다 훨씬 다양한 토기가 만들
어졌습니다. 쓰임에 맞게 밥그릇이나 곡식을 저장하는 그릇,
물을 운반하는 그릇이 만들어졌고, 모양도
여러 가지로 만들어졌습니다.

시루 산청 옥산리, 높이 12㎝   **저장용 토기** 춘천 천전리, 높이 64㎝

특이한 점은 청동기시대 사람들이 아주 큰 토기를 만들어
죽은 사람을 안치하는 관으로도 사용했다는 것입니다.

독널 무덤 익산 석천리

　　신석기시대에도 농사를 짓기는 했지만 본격적인 농사는 청동기시대부터 시작했습니다. 본격적인 농사가 이루어지면서 청동기시대의 사람들은 한곳에 머물러 마을을 이루면서 수확을 늘려가는 방법을 생각했습니다.

　　청동기시대 사람들은 농작물의 성질이나 기후, 토양에 대한 정보를 알게 되었습니다. 또한 농사를 잘 짓기 위해 새로운 농기구를 발명하거나 개량을 했습니다. 밭을 갈기 위해 따비가 사용되었고, 수확을 위해서 돌칼과 돌낫을 사용했습니다.

　　농사 방법에도 큰 변화가 있었습니다. 밭에 둔덕과 고랑을 만들어 둔덕에 씨앗을 뿌리는 이랑법이 개발되었습니다. 밭을 갈고 고랑에 씨앗을 심으면 맨땅에 구멍을 내어 씨앗을 뿌리는 신석기시대 농사보다 훨씬 많은 수확을 얻을 수 있었습니다.

진주 대평리의 밭 위에 이랑들이 펼쳐져 있다.

농사를 짓는 방법 중 가장 큰 발전은 논농사의 시작입니다. 쌀은 습지에서 잘 자라는데 물을 가두어 벼를 잘 자라게 하는 시설이 논입니다. 논농사에는 물을 댈 수 있는 시설인 수로가 필요했습니다. 수리 시설이 발달하지 않았을 때의 농사는 적정한 시기에 비가 내리는 것에 의해 좌우되었습니다. 이것은 인간의 의지로 극복하기 어려웠기 때문에 농사가 잘 되기를 기원하는 다양한 제사나 행사가 파종기, 농번기, 수확기마다 치러졌습니다.

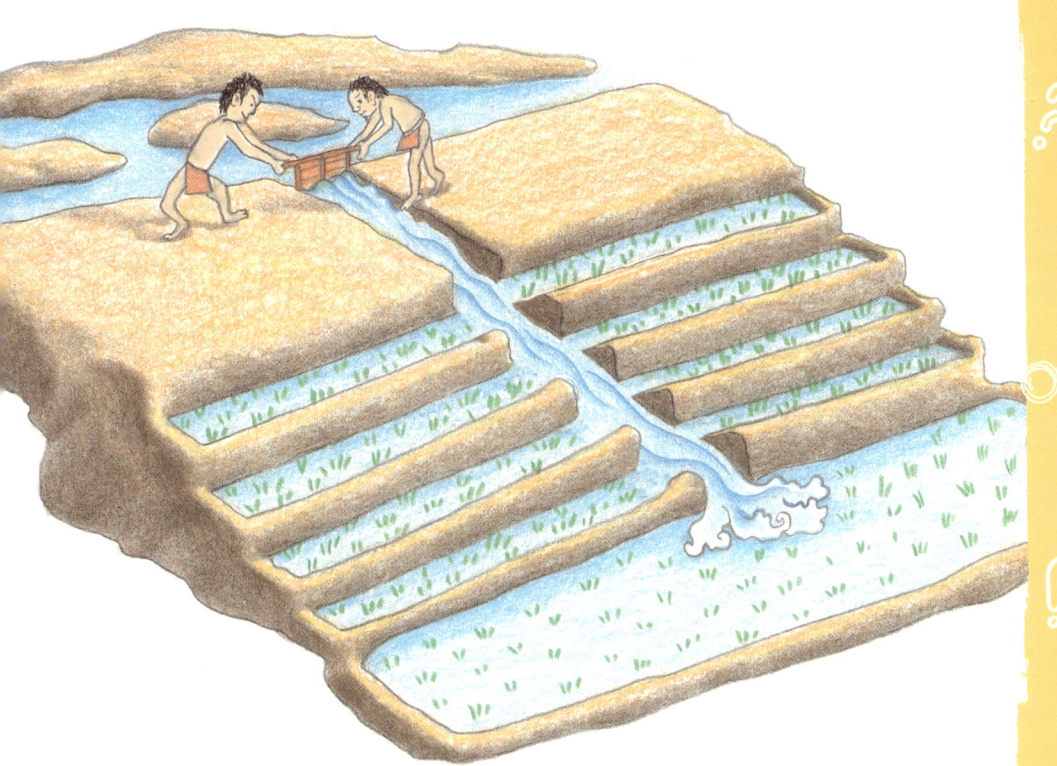

논산 마전리 논 유적 복원 그림 충청남도 논산시 마전리에서 청동기시대의 논 유적이 발굴되었다. 논 유적에서 저수 시설과 우물이 발견되었는데 우물 안에서 새 모양의 나무조각도 발견되었다.

청동기시대 마을은 대부분 산을 등지고 앞에 하천이 흐르는 터(배산임수背山臨水)에 생겨났습니다. 하천 주변의 비옥한 땅에서는 농사를 지었고, 하천에서는 물고기를 잡았으며, 뒷산에서는 사냥을 했습니다. 사람들이 죽게 되면 집 주변에서 멀지 않은 마을 안에 무덤을 만들었습니다. 집 주변에는 작

가축 우리

저장 구덩이

대장간

망루

나무 울타리

환호

은 구덩이를 파서 가을철에 수확한 농작물을 저장하였고, 공동 저장 창고를 만들어 식량을 오랫동안 보관할 수 있도록 했습니다. 짐승으로부터 농작물을 보호하기 위하여 밭 주변에는 함정을 만들었습니다.

특히 다른 집단의 침입에 대비하기 위하여 마을 외곽에는 나무 울타리(목책)와 깊은 도랑(환호)을 만들었습니다. 청동기시대 마을에서 방어 시설은 아주 중요한 의미가 있습니다. 청동기시대에는 마을 간에 전쟁이 벌어지기도 했기 때문입니다.

초기 청동기시대 마을 규모는 10여 채 정도였습니다. 점차 인구가 늘어나고 마을의 규모가 커지게 되었습니다. 대체로 10여 채 내외의 작은 마을, 40~50여 채의 중간 정도의 마을과 이보다 큰 규모의 마을이 조사되었습니다. 가장 큰 규모의 마을은 경상남도 진주 대평리 유적입니다. 400여 개의 집터가 발견되었는데 하나의 집터에 4명의 가족이 살았다면 1,400명이 사는 마을이었을 것이라고 짐작됩니다. 마을 전부를 조사한 것이 아니라고 하니 아마도 수천 명이 사는 마을이었을 것입니다.

진주 대평리 사각형 모양의 집터.

진주청동기문화박물관에 복원된 움집. 위에 있는 집터를 축소하여 복원했다.

청동기시대의 집은 반지하식의 움집이었습니다. 땅을 파고 반지하에 지은 움집은 여름에 시원하고 겨울에는 따뜻합니다. 직사각형 모양의 땅을 파고 기둥을 세워 지붕을 올렸습니다. 신석기시대 집의 모양이 둥글고 원뿔 지붕인 것과는 차이가 있습니다.

집 내부 한쪽에는 바닥을 얕게 파고 불을 피우는 화덕이 설치되었습니다. 화덕은 음식을 하고, 방을 밝게 하고, 방 내부를 따뜻하게 하는 매우 중요한 시설물이었습니다. 집 내부의 한쪽 구석에는 구덩이를 파고 그 안에 곡물을 저장하는 토기를 보관하기도 했습니다. 방바닥은 습기를 제거하기 위해 흙을 바르고 불을 지펴서 바닥을 단단하게 했고 짚으로 엮어 만든 돗자리를 깔아 생활했습니다.

청동기시대의 대표적인 무덤은 고인돌입니다. '고여 놓은
돌'이라는 뜻으로 큰 바윗돌을 작은 몇 개의 돌로 받쳐 놓은
모양을 하고 있어 붙여진 이름입니다. 한자식 이름으로 지석
묘라고도 부릅니다.

1. 땅을 파고 주위에 판돌을 세워 무덤을
만듭니다.

2. 무덤 주위로 굄돌을 땅속에 묻습니다.

3. 덮개돌을 올릴 수 있도록 경사지게 흙을
다집니다.

4. 큰 바위에서 적당한 크기로
덮개돌을 떼어 냅니다.

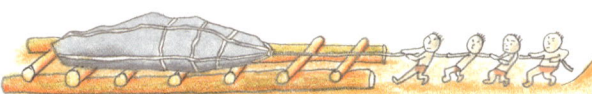

5. 통나무로 덮개돌을 운반할 길을 만들어 끌어옵니다.

6. 흙무덤 위에 덮개돌을 올려놓습니다.

7. 굄돌 주위의 흙을
파내면 고인돌이
완성됩니다.

26

한반도에서는 약 4만여 기의 고인돌이 분포하고 있습니다. 이 가운데 강화도, 전남 고창, 전남 화순 지역의 고인돌은 유네스코 세계문화유산으로 지정되어 있습니다

고인돌은 죽은 사람을 안치하는 무덤 방의 위치로 구분이 됩니다. 탁자식은 지상에 돌판을 짜서 무덤 방을 만든 다음 그 위에 거대한 돌을 올려놓은 형태입니다. 기반식은 지하에 무덤 방을 만들고 돌방 위의 뚜껑돌을 여러 개의 받침돌로 받쳐 놓은 형태입니다.

강화도 부근리에 있는 고인돌은 덮개돌 무게가 109톤이나 됩니다. 이 무게의 바위를 옮기기 위해서는 천여 명의 사람이 힘을 모아야 합니다. 천여 명의 사람이 무덤을 만들기 위해 힘썼다는 것을 볼 때, 이 무덤은 수천 명을 이끄는 지배자의 무덤이었다는 것을 알 수 있습니다.

강화 고인돌

　　신석기시대에는 인구가 많지 않아 마을의 규모도 작았고 마을 내의 사람들의 신분 차이도 크지 않았습니다. 그러나 청동기시대에는 농사를 본격적으로 짓기 시작하면서 인구가 늘고 큰 마을이 만들어졌습니다.

　　특히 농기구와 농사짓는 방법의 발달로 저장할 만큼 많은 식량이 만들어지면서 많이 가진 사람과 적게 가진 사람의 구분이 생겼습니다. 그리고 그 격차는 점차 커지게 되었습니다. 그리고 늘어나는 격차만큼 마을 사람들 사이의 갈등은 커졌습니다. 이 갈등을 조정하는 사람이 출현하게 되었습니다. 이들은 청동기시대의 지배자로 성장합니다. 청동기시대

마을은 점차 지배자를 중심으로 움직이는 사회로 발전했습니다.

청동기시대의 불평등이 심화되었다는 것은 당시 사는 모습에서 찾을 수 있습니다. 청동기시대 마을에서 크기가 큰 집은 마을의 중심부나 조망이 좋은 산의 정상에 있었습니다.

이러한 불평등은 죽어서도 유지가 되었습니다. 지배자의 무덤은 다른 무덤보다 화려하고 크게 만들어졌습니다. 그리고 값비싼 동검, 청동거울, 옥을 같이 묻었습니다.

그러나 청동기시대에는 부모가 지배자라 하더라도 자식들이 그 지위를 물려받지는 않았습니다. 자신의 노력으로 높은 지위에 올라갔기 때문에 불평등이 제도화되었다고 볼 수는 없습니다.

전남 화순 대곡리 출토 유물. 국보 143호

　　인구가 늘어나고 큰 마을이 만들어지면서 농사를 짓기 위해 더 많은 토지와 물이 필요하게 되었습니다. 늘어난 인구만큼 식량이 더 필요했기 때문입니다. 하지만 농사가 언제나 풍작은 아니었습니다. 가뭄과 홍수, 전염병으로 농사를 망치는 경우 마을 사람들이 굶어야 했습니다. 따라서 이웃 마을을 습

격하여 토지와 식량을 빼앗는 일이 늘어나게 되었습니다.

청동기시대에 대규모 전쟁의 흔적은 불탄 집터에서 살펴 볼 수 있습니다. 인구가 많지 않았던 초기 청동기시대에는 불탄 집터가 많지 않았습니다. 이후 대규모 마을이 들어서면 서 집터의 화재가 크게 증가했습니다. 특히 불탄 집터들이 많이 발견된 지역은 청동기가 많이 출토된 지역으로 청동기 문화가 발달할수록 전쟁이 많았던 것으로 보입니다. 그때 사 람들의 무덤에 새겨져 있는 청동검과 창을 든 무사의 모습은 이 시기 사람들의 생활이 전쟁과 깊은 관련이 있음을 보여 주 고 있습니다.

청동기시대의 전쟁은 이웃 마을을 기습하여 집을 불태우 고 식량을 약탈했을 것으로 짐작됩니다. 전쟁 중에 사망한 사람들도 늘어나게 되었는데 이는 전사자들의 무덤에서 확 인할 수 있습니다. 무덤에는 돌검, 돌화살촉을 같이 묻기도 했습니다.

간혹 무덤에서 부러진 돌화살촉이 발견되기도 합니다. 부 러진 돌화살촉은 전쟁 중 화살에 맞아 사망한 사람의 몸에 박 혔던 것으로 보고 있습니다. 청동기시대의 화살촉은 동물을 사냥하기 위한 수렵용보다 더욱 예리해졌습니다. 전쟁에서 적을 살상하기 위해 형태가 바뀌었기 때문입니다.

전쟁은 사람들에게 많은 아픔을 주지만 집단 사이의 교류 를 활발하게 하는 역할을 합니다. 작은 마을들이 큰 마을로 통합되면서 국가가 세워지는 바탕이 되기도 했습니다.

청동기시대와 고조선

    고조선은 우리 역사 최초의 국가입니다. 청동기시대에 건국하여 철기시대까지 존속했다는 의견이 지배적입니다. 고조선은 『삼국사기』에 기록된 단군 조선과 위만 조선을 모두 포함합니다. 단군 조선은 청동기시대에 해당하고 위만 조선은 철기시대에 해당됩니다.

    건국 당시 고조선은 중국 동북지방인 요동과 한반도 서북지방에 위치하고 중심지는 요하 동쪽 지역입니다. 이러한 사실은 고고학 자료에 근거하고 있습니다. 비파형동검, 고인돌, 미송리형 토기의 분포와 관련되어 있습니다. 건국 당시

의 고조선은 지배력이 강력한 국가는 아니었습니다. 각 지역의 마을들과 연맹을 이룬 것으로 보입니다. 이것은 단군 신화를 통해서 알 수 있습니다.

고려시대에 쓰인 『삼국유사』에는 고조선을 건국한 단군신화가 기록되어 있습니다. 우리가 이 기록을 역사적 사실로 보지 않는 이유는 단군신화 내용이 초자연적인 내용을 담고 있기 때문입니다. 그러나 그 내용 가운데 고조선의 역사를 반영하는 내용이 있기 때문에 모두 허구라고 보기는 어렵습니다.

단군신화에는 역사와 이야기가 섞여 있지만, 고조선은 우리 역사가 문자로 기록되는 첫출발입니다.

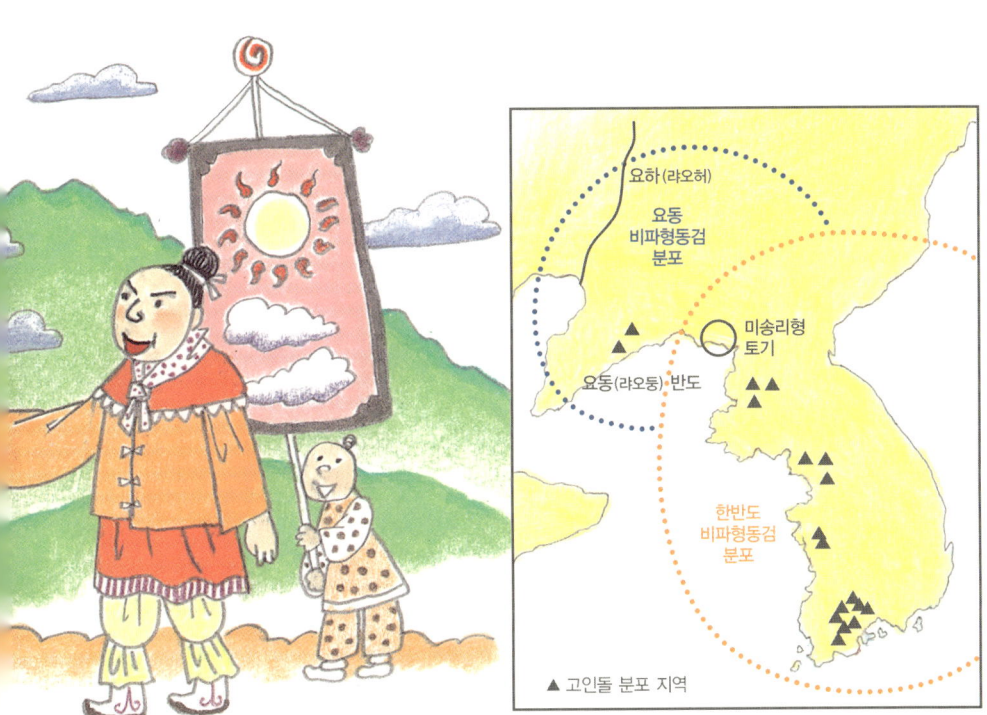

요하(랴오허)
요동
비파형동검
분포

미송리형
토기

요동(랴오동) 반도

한반도
비파형동검
분포

▲ 고인돌 분포 지역

뚜벅뚜벅 떠나는 역사 여행

백번 읽는 것이 한 번 보는 것만 못하다는 말이 있습니다.
청동기시대에 대해 꼭 알아야 할 것들을 살펴보았으니 이제
직접 찾아가 보는 게 어떨까요? 여기 소개한 곳들은
청동기시대를 잘 이해하기 위해 꼭 가 볼 만한 곳들입니다.
기회가 된다면 찾아가 보세요.

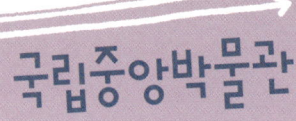

국립중앙박물관

청동기시대 사람들이 남긴 유물이 가장 많이 있는 곳

    국립중앙박물관은 청동기시대 사람들이 남긴 유물이 가장 많이 있는 곳입니다.

    국립중앙박물관의 청동기실에 가면 제일 먼저 보이는 것이 농경문 청동기입니다. 작지만 청동기시대의 특징인 농사짓기에 대한 정보를 주는 중요한 유물입니다. 그렇지만 너무 작기 때문에 잘 보이지 않습니다. 그래서 먼저 보면 좋은 것이 입구 왼편에 있는 농경문 청동기 설명 화면입니다. 동영상 화면을 보면 농경문 청동기에 대해 잘 이해할 수 있습니다.

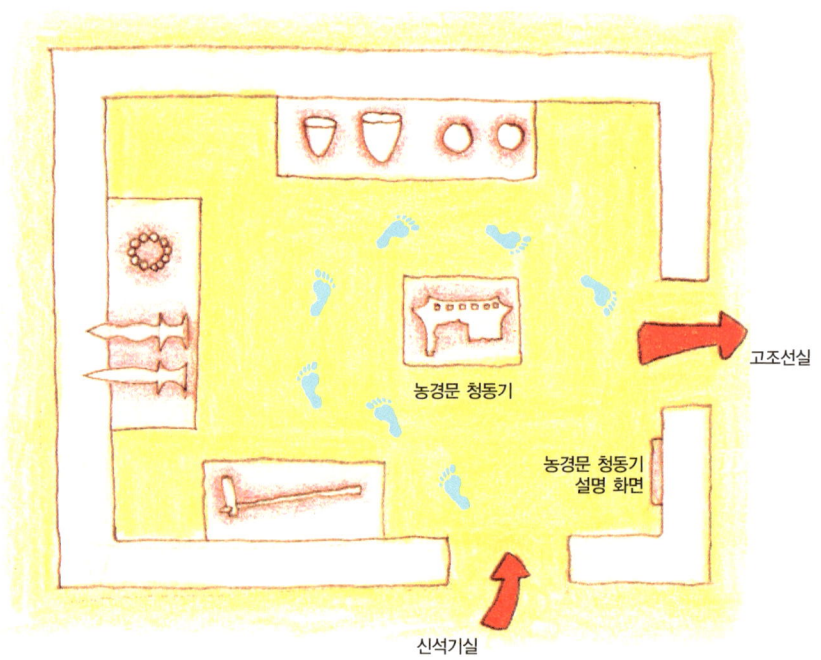

고조선실

농경문 청동기

농경문 청동기
설명 화면

신석기실

반달낫과 간석기를 통해서 청동기시대 구분의 큰 특징 중 하나인 다양한 종류와 형태의 석기에 대해 살펴볼 수 있습니다.

지배계급의 권위를 나타내는 것이 청동기만 있는 것으로 알았는데 석기도 사용된 것을 알 수 있습니다. 돌로 만든 칼이나 달 모양, 별 모양 도끼가 생활에는 유용하지 않을 것 같다는 생각이 들지요?

신석기실에 전시된 유물과 청동기실의 유물을 비교해 보는 것도 흥미롭습니다. 청동기실을 지나면 고조선실이 있습니다. 고조선은 우리 역사 최초의 국가입니다. 고조선실에서는 고조선이 건국된 지역인 중국 동북지방과 한반도 서북 지역에서 발견된 비파형동검과 토기 등 다양한 유물들이 전시되어 있습니다.

국립중앙박물관

서울시 용산구 서빙고로 135

홈페이지 http://www.museum.go.kr

전시 해설 고고관(구석기실 입구)
6회 1시간 (10:00, 11:00, 13:00, 14:00, 15:00, 16:00)

관람 시간 화목금 : 09:00~18:00   수토 : 09:00~21:00   일요일, 공휴일 : 09:00~18:00
관람권은 관람 시간 1시간 전까지 발행

휴관일 1월 1일, 매주 월요일(월요일이 공휴일일 때에는 공휴일 다음의 첫 번째 평일)

요금 무료(특별, 기획 전시 제외)

　　세계문화유산인 고인돌 유적에 대해서는 고창고인돌박물관을 찾아보면 됩니다.

　　고창고인돌박물관에는 청동기시대의 생활과 고인돌의 제작 과정이 전시되어 있습니다. 박물관을 둘러보고 야외전시관으로 나오면 커다란 돌덩어리가 있습니다. 청동기시대의 사람들은 고인돌을 만들기 위하여 커다란 돌을 줄로 묶어 채석장에서 얻은 돌을 옮겼을 것입니다.

　　선사마을에는 청동기시대의 마을을 재현해 놓았습니다. 사각형과 원형 모양의 움집이 있고 적의 침입으로부터 마을을 지키기 위한 나무 울타리와 망루도 있습니다. 또한 나무 울타리 주변으로는 적의 침입을 대비하기 위한 환호도 보입니다.

　　고인돌 유적지는 선사마을을 나와 걸어서 가거나 고인돌 탐방 열차를 타고 돌아볼 수 있습니다.

　　고인돌 유적지는 모두 여섯 개의 코스로 나누어져 있습니다. 고인돌 유적지의 가장 왼편에 있는 1코스에는 고창 고인돌의 간판 고인돌인 탁자형, 바둑판형 고인돌이 있습니다. 이곳에서는 한적하게 앉아 고인돌을 감상할 수 있습니다. 2코스에서는 무게가 120~150톤으로 추정되는 거대한 고인돌이 있습니다. 이 거대한 고인돌은 묘역을 상징하거나 묘역을 만든 집단의 권위를 나타내는 기념물로 추정됩니다. 3코스는 시원한 전망을 배경으로 고인돌이 많이 모여 있습니다. 모두

128기의 고인돌이 있습니다. 4코스는 고인돌의 제작 과정을 추정할 수 있는 채석장입니다. 3코스에 '채석장 가는 길' 안내 표시를 따라가면 됩니다. 5코스는 열을 지어 있는 고인돌들을 볼 수 있습니다. 일정하게 열이 지어 있는 것으로 보아 공동의 무덤으로도 여겨집니다. 6코스의 고인돌은 다른 유적지에 있지 않고 멀리 떨어져 있습니다. 박물관 1층에 멋진 탁자식 고인돌 모형이 항아리들과 함께 전시되어 있는데 6코스에 가면 그 이유를 잘 알 수 있습니다.

고창고인돌박물관

전북 고창군 고창읍 도산리 676번지

홈페이지   http://www.gcdolmen.go.kr

전시 해설 요청시 가능

관람 시간 09:00~18:00 (관람 종료 시간 1시간 전까지 입장 가능)

휴관일   1월 1일, 매주 월요일, 고창군수가 정하는 휴관일

요금   어른 3,000원, 청소년·군인 2,000원, 어린이 1,000원
           고인돌 탐방 열차 : 어른 1,000원, 청소년 700원, 어린이 500원

고창 고인돌 탐방 코스

채석장

3코스

5코스

4코스

탐방로

채석장 가는 길

탐방 열차

고창

열 지은 고인돌

변형 탁자식 고인돌

바둑판식 고인돌

2코스

탐방로

1코스

고창천

선사마을

고인돌 끌기
체험 마당

탁자식 고인돌

6코스

고창고인돌박물관

41

화순 고인돌 유적은 고창, 강화의 고인돌과 함께 유네스코 세계문화유산으로 지정된 유적지입니다. 고창 고인돌 유적과는 달리 박물관은 만들어져 있지 않으나 천천히 다녀 보면 박물관과 달리 재미있는 시설과 고인돌들을 많이 볼 수 있을 겁니다.

화순 고인돌 유적에 있는 고인돌은 조선시대에 붙여진 다른 이름들이 재미있습니다. 아마 당시 사람들은 고인돌을 큰 바위로만 생각했던 것 같습니다.

화순 고인돌 유적 입구(효산리)에는 청동기시대 사람들의 생활 모습을 체험할 수 있는 고인돌 선사마을이 운영되고 있습니다. 청동기시대 마을을 재현해 놓은 듯한 높은 나무 울타리와 망루가 있습니다. 선사마을 안으로 들어서면 사각형 모양과 원형 모양의 움집이 보입니다. 외부의 적들이 침입해 오는지를 감시하는 망루는 누구나 올라가서 볼 수 있도록 튼튼하게 만들어져 있습니다.

고인돌 선사마을을 돌아보고 탐방로를 따라 올라가면 고양이를 닮은 괴바위 고인돌과 관청 일을 보았다고 이름 붙여진 관청바위 고인돌이 있습니다. 고인돌은 하나만 있는 것이 아니라 수십 기씩 무더기를 이루고 있고, 옆으로 열을 지어 있기도 합니다. 이러한 모습들은 화순 고인돌 유적의 특징입니다.

보검재라고 하는 고개를 넘으면 세계에서 가장 큰 고인돌이 나타납니다. '핑매바위'라고 하는 이 고인돌은 지구 상에 있는 저울로 측정할 수 없을 만큼 큰 고인돌입니다. 마고할미가 치마폭에 돌을 가지고 가다 치마폭이 터져 그냥 놓고 간 돌이라는 전설이 있습니다.

핑매바위를 지나면 감태바위 채석장이 있습니다. 감태바위 채석장 아래에는 탁자식, 기반식, 개석식 고인돌 등 여러 형식의 고인돌들을 한번에 볼 수 있습니다. 갓을 쓴 사람을 닮았다 하여 이름 붙여진 감태바위는 고인돌 덮개돌을 만들기 위한 채석장입니다. 주변에는 돌을 떼어 내려고 한 흔적이나 쐐기를 박았던 홈이 그대로 남아 있습니다.

감태바위를 지나면 대신리 마을이 나옵니다. 대신리 마을에는 실제로 고인돌 발굴장을 재현한 전시관이 있습니다. 전시관에는 고인돌 발굴 모습과 다양한 무덤 방의 모습 그리고 출토 유물을 살펴볼 수 있습니다.

화순 고인돌 유적

전남 화순군 도곡면 효산리, 춘양면 대신리 일대

홈페이지 http://www.hwasun.go.kr
동북아지석묘연구소 http://www.idolmen.org

체험 학습 동북아지석묘연구소에서 운영하는 체험 학습 프로그램 '고인돌 선사마을'이 있습니다.

관람 시간 연중 무휴이며, 자세한 안내를 원하면 화순군청으로 연락하여 해설을 받을 수 있습니다.

휴관일 없음

요금 유적 입장료는 없지만 체험 학습 신청은 유료입니다.

화순 고인돌 탐방 코스

주중에는 **고인돌 선사마을**에서 고인돌 문화학교가
운영되고 있습니다. 매월 4째 주에는 가족 단위 체험 학습도
운영되고 있습니다. 청동기시대 사람들의 생활 모습을 주제로
고인돌 축조 재현, 토기 만들기, 화살촉을 만들어 사냥하기,
청동기 만들기 등 다양한 체험 학습을 할 수 있습니다.
동북아지석묘연구소 홈페이지(http://www.idolmen.org)로
신청하면 누구나 참여할 수 있습니다.

관청바위

고인돌 선사마을

핑매바위

감태바위

전시장

돌을 떼어 내기 위해
쐐기를 박았던 흔적

진주청동기문화박물관

청동기가 없는 청동기박물관

우리나라에서 발굴된 청동기시대의 가장 큰 마을이 진주의 대평리입니다. 400여 개의 집터가 발견되었습니다. 한 집에 네 사람이 살았다고 가정하면 1,500명이 넘는 사람들이 살았던 것으로 예상됩니다. 대평리의 마을 전부를 발견한 것이 아니기 때문에 수천 명이 살았을 것이라 추정되는 큰 마을입니다. 아쉽게도 남강댐이 만들어지면서 대평리 마을은 물속에 잠기게 되었습니다. 남강댐 옆에 만들어진 박물관이 진주청동기문화박물관입니다.

대평리 유적은 청동기시대의 가장 큰 마을이지만 청동기 유물은 없습니다.
청동기가 만들어진 시대를 청동기시대라고 합니다. 그러나 청동기가 만들어지지 않았어도 그 시대만의 특징이 있다면 청동기시대라고 부르기도 합니다. 다른 특징이라면 다양하고 새로운 종류와 형태의 토기와 석기가 나타난 것입니다. 또한 한곳에 정착하여 마을을 이루면서 농사를 짓는 것이 청동기시대의 특징입니다. 대평리 유적에서는 청동기가 발견되지는 않았지만 대평리 청동기시대 사람들은 커다란 마을을 이루고 농사를 지으며 다양한 종류와 형태의 토기를 만들어 생활했습니다.

진주청동기박물관에는 청동기시대의 마을을 재현한 대평마을이 있습니다. 어른 수십 명이 들어갈 수 있는 커다란 사각형 모양의 움집과 드

넓은 밭에서 수확한 조, 기장, 벼 등을 보관하는 다락창고가 복원되어 있습니다. 적의 침입을 막기 위한 나무 울타리도 만들어져 있습니다.

진주청동기문화박물관

경상북도 진주시 대평면 대평리 706-5번지

홈페이지 http://www.jbm.go.kr

전시 해설 수시 가능

관람 시간 3월~10월 : 09:00~18:00   11월~2일 : 09:00~17:00
관람 시간 30분 전까지 입장 가능

휴관일 1월 1일, 설날, 추석, 매주 월요일

요금 어른 1,000원, 어린이·청소년·군인 500원

강화도 고인돌

서울 근교에서 고인돌을 가장 많이 볼
수 있는 곳이 인천 강화도입니다. 강화도
고려산 기슭을 따라 120여 기의 고인돌이 분포되어 있습니다. 특히 부
근리, 삼거리, 오상리 등지에 집중해 있습니다. 강화도의 고인돌은 고
창과 화순의 고인돌과 함께 세계문화유산으로 지정되어 있어 세계문
화사적으로도 가치가 매우 높습니다.

강화도 고인돌을 모두 보기 힘들다면 부근리 고인돌만은 꼼꼼히 보는
것을 추천합니다. 부근리 고인돌은 국가 사적 137호로 지정되어 있고,
우리나라 탁자식 고인돌 가운데 가장 규모가 큽니다. 덮개돌이 얼마
나 무거울지, 어디에서 가져왔을지도 상상해 보기 바랍니다. 그리고
덮개돌을 운반하고 받침돌에 덮개돌을 올려놓는 방법도 추리해 보기
바랍니다.

강화도에는 고인돌 외에도 많은
문화 유적이 있습니다. 강화대교
근처의 강화역사관을 둘러보고 강
화도 답사를 하면 더욱 유익한 답
사가 될 것입니다.

부여 송국리 선사취락지

송국리 선사취락지는 백제의 고도 부여
에 있습니다. 송국리 선사취락지는 청
동기시대 사람들이 살았던 마을과 함께
방어 시설과 무덤들이 발굴된 복합 유적지
입니다. 송국리 선사취락지는 들판이 내려다
보이는 구릉에 위치하고 있으며 100여 개 이상의 집터와 마을이 형성
되어 있던 것으로 알려져 있습니다. 또한 마을을 둘러싼 환호와 나무
울타리가 확인되었습니다. 우리나라에서는 최초로 비파형동검과 송
국리형 문화라고 이름이 붙여진 독창적인 토기가 발굴되었습니다.

송국리 선사취락지는 청동기시대의 중요한 유적이기 때문에 자료관
이 만들어져 있습니다. 자료관 주변에는 송국리에서 발굴된 사각형과
원형의 움집이 실제보다 작은 크기로 복원되어 있습니다. 나무 울타
리와 방어 시설 중 하나인 녹채도 복원된 것으로 살펴볼 수 있습니다.

부여가 백제의 고도이기 때문에 송국리 선사취락지가 돋보이지 않는
느낌이 들지만, 유적의 중요성 때문에 장기적인 보호와 개발을 진행
하고 있습니다. 답사를 가서 첫 인상에 다소
실망할 수 있습니다. 그러나 문화 해설사
선생님의 충실한 설명과 천천히 유적지
를 돌아보면 첫 인상의 실망은 금세 없
어질 것입니다.

충청남도 부여군 초촌면 송국리 산 24-1

생각으로 떠나는 **역사 여행**

청동기시대에 대해 많은 것을 알수록
청동기시대에 대해 궁금한 것도 많아집니다.
우리가 궁금해하는 것들, 역사 속의 비밀들을
명석한 탐정처럼 함께 풀어 보도록 해요.

어떤 시대의 유물일까?

여러분이 앉아 있는 바로 그 자리는 수십 만 년 전부터 사람들이 살
아왔던 곳입니다. 시간이 지나면서 오래된 유물 위로 흙이 쌓이고 사

람들은 그 위에 다시 새로운 터전을 마련하였지요. 또 오랜 시간이 지나면 그 유물들도 흙 속에 묻히고 말 거예요.

　아래에 있는 그림은 여러 시대의 유물들이 차곡차곡 쌓여 있는 모습입니다. 유물들을 보고 어느 시대에 해당하는지 맞춰 보세요.

4,000년 전　　[?　　시대]

10,000년 전　　[?　　시대]

70만 년 전　　[?　　시대]

정답은 58페이지에 있습니다.

농경문 청동기는 청동기시대의 모습을 잘 알 수 있는 유물입니다. 그러나 1970년대 말 대전의 고철 수집상으로부터 구입한 것으로 언제, 어디에서, 누가 출토했는지는 알려져 있지 않고 대전에서 출토되었다고만 합니다.

1. 따비로 밭 가는 사람   2. 괭이로 땅을 파고 있는 사람

3. 그물 무늬 토기에 곡식을 담고 있는 사람

크기는 길이 12.8cm, 너비 7.3cm, 두께 1.5mm인데 제작기법이 아주 정교합니다. 위에는 6개의 네모난 구멍이 있는데 2개의 구멍이 많이 닳은 것으로 보아 두 구멍에 끈을 묶어서 매달았던 것으로 보입니다.

농경문 청동기에서 아래의 모습들을 찾아서 동그라미로 표시해 보세요.

1. 새가 앉아 있는 나무(솟대)

정답은 60페이지에 있습니다.

농경문 청동기에는 농사 도구 2개가 나옵니다. 어떤 것이 있는지 찾아보세요.

(1) 따비

(2) 반달돌칼

(3) 낫

(4) 괭이

농경문 청동기에 수확된 곡물이 담겨진 토기가 나옵니다. 이 토기의 특징은 그물 문양이 새겨져 있습니다. 아래 토기 중 이와 같은 토기를 골라 보세요.

(1)

(2)

(3)

(4)

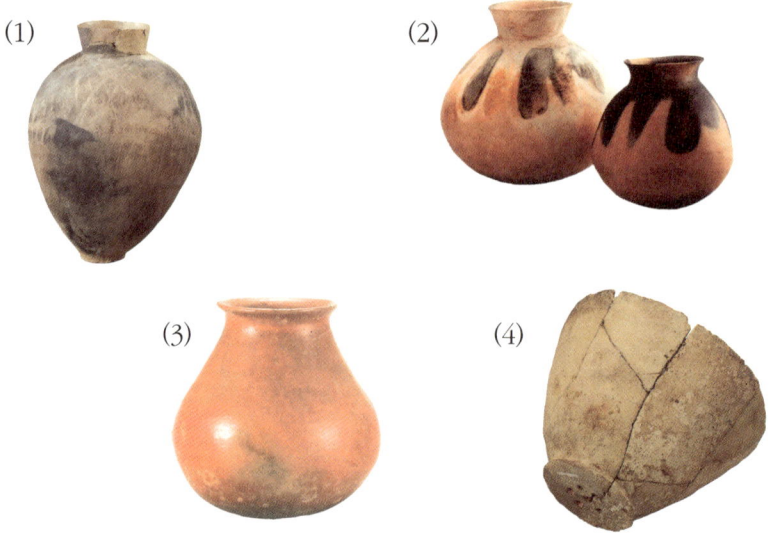

정답은 61페이지에 있습니다.

사람들이 오랜 세월을 거쳐 진화해 왔듯이 사람들이 만든 도구도 함께 진화해 왔습니다.

오늘 우리가 사용하는 많은 물건들은 이미 수만 년 전에 발명된 것이기도 하답니다. 어떤 원시 도구가 무엇으로 진화했는지 짝을 지어 보세요.

석기시대　　　　　　청동기시대　　　　　　현대

정답은 61페이지에 있습니다.

고고학자들은 우리 발 아래 묻혀 있는 유적이라는 타임캡슐을 열어
그림 퍼즐을 완성시키듯 옛날 사람들의 생활을 알아봅니다. 타임캡슐

● 52~53페이지 정답

청동검

반달 모양 돌칼

주먹도끼

을 열어 여러 가지 단서를 모으는 과정을 발굴 조사라고 합니다.

　아래 그림에서 땅속에 있는 유물들이 시대별로 층층이 있는 것을 볼 수 있습니다. 발굴하면 시대적인 특징과 옛날 사람들의 생활을 알아볼 수 있습니다.

갈돌과 갈판　　별 모양 도끼　　4,000년 전　　청동기시대

빗살무늬토기　　10,000년 전　　신석기시대　　낚시 바늘

70만년 전　　구석기시대

　농경문 청동기의 한 면에는 Y자 모양의 나뭇가지 끝에 새가 마주
보고 앉아있습니다. 이것은 솟대를 나타낸 것입니다.

　또 다른 한 면에는 곡식을 담고 있는 사람과 토기가 놓여져 있습니
다. 오른 편에는 따비로 밭을 갈고 있는 사람과 괭이로 땅을 파고 있는
사람이 있습니다. 가로 선이 있는 것은 밭고랑을 표현한 것입니다. 이
것들은 농사짓는 모습을 표현한 것으로 보입니다.

3. 그물 무늬 토기에 곡식을
　 담고 있는 사람

1. 따비로 밭 가는 사람

1. 새가 앉아 있는 나무(솟대)

2. 괭이로 땅을
　 파고 있는 사람

진주 대평리의 밭

솟대

● 56페이지 정답

(1) 따비

(1) 그물 모양 저장용 토기

● 57페이지 정답

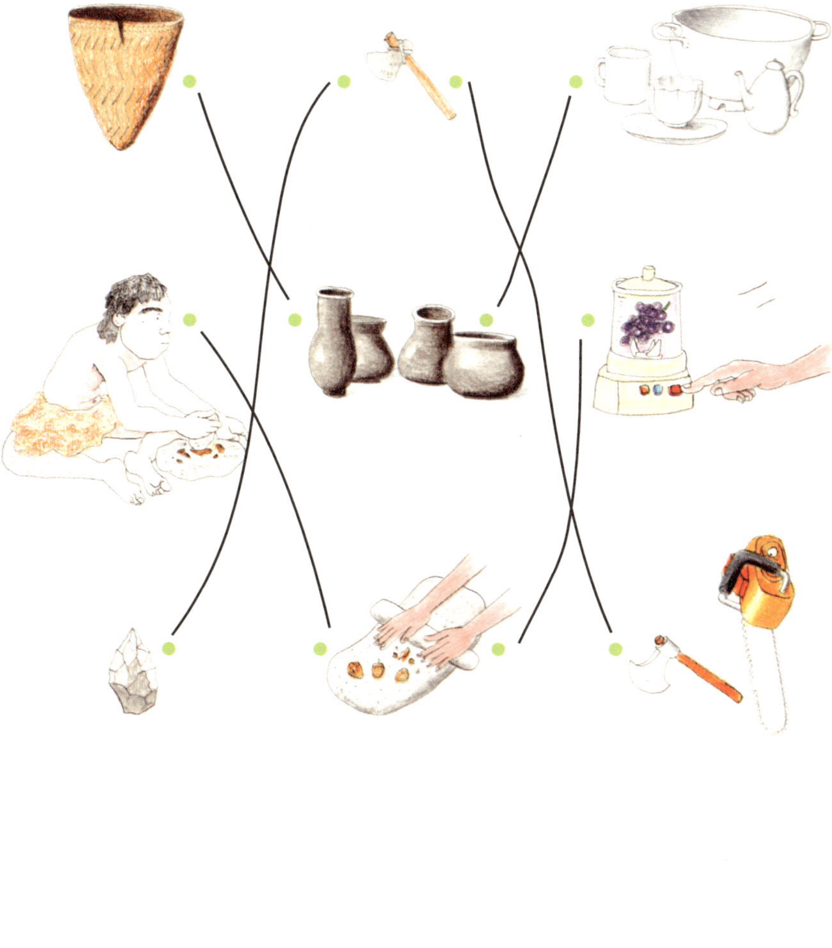

나도 역사학자

눈을 감고 청동기시대를 상상해 보세요. 여러분들이 알고 있는
청동기 마을과 청동기 사람들, 그 속에 여러분들이 들어간다면
어떤 일이 생길까요? 내가 상상하는 청동기시대에서의 하루를
쓰고 그려 보세요. 여러분의 친구들이 쓴 글을 본다면 용기가 나겠지요?

청동기 마을에서 보낸 하루

이름 :

추수하는 날

김현서

　　오늘은 우리 마을에서 추수를 하는 날이었다. 오늘 우리 가족은 마을 담벽 밖으로 나가 열심히 농사를 지었던 쌀을 추수했다. 반달돌칼을 이용해 마을 전체가 도와 추수를 한 뒤 마을 사람들은 그물 무늬 토기에 곡식을 나눠 담았다. 힘들게 추수를 끝낸 후 맛있게 사냥한 고기와 특별식생선을 먹고 있는데 족장님의 쩌렁쩌렁한 목소리가 들렸다. "올해 농사는 풍년이라 창고를 하나 더 짓고 어린아이들은 토기 만드는 일을 도와라." 아이참. 추수하는 일도 도왔는데 토기까지 만들라니. 아빠는 창고를 만들기 위해 족장님 집 근처로 가시고 난 마을 중앙으로 가 내 또래의 친구들과 진흙을 가져와 토기를 만들기 시작했다. 그래도 바람이 불어 시원했다. 난 토기를 빚는 일을 하고 엄마는 토기를 나르는 일을 했다. 저녁, 창고는 아직 다 완성되지 않았지만, 토기는 많이 만들었다. 뿌듯하다.

66

토기를 깨뜨렸다

김영지

오늘은 아빠와 같이 농사를 하러 갔다. 우리가 조금 늦게 갔는지 다른 밭이랑에는 아따따 아저씨와 새침이 아저씨 그리고 깜둥이 아저씨가 먼저 와서 씨를 뿌리고 계셨다. 나는 아빠의 농사일을 도와드린 뒤 아따따와 함께 옛날 촌장님 무덤에 갔다. 옛날 촌장님은 이야기를 많이 해주셔서 참 좋았는데…… 지금 촌장님은 너무 무섭다. 며칠 전에 지금 촌장님 생신이어서 아따따와 내가 힘들게 만든 화살촉을 드렸다. 그런데 화살촉이 날카롭지 않다고 멀리 던지셨다. 그래서 나와 아따따는 지금 촌장님 악담을 실컷 하면서 왔었다. 집에 돌아오니 백설탕이 울고 있었다. 그런데 왜 울고 있었냐면 아빠가 가장 아끼시는 무문 토기를 깨뜨려서이다. 이제 곧 아빠가 오실 시간인데 백설탕은 아빠한테 죽었다.

67

멧돼지는 맛있어

서정우

　　날석이와 함께 사냥하러 갔다. 어린 멧돼지를 잡았다. 우리가 만든 함정에 걸렸다. 날석이와 나는 아주 기뻤다. 어제는 사냥에 실패해서 나무 열매만 먹었다. 오늘하고 내일 음식은 준비 끝이다. 그 멧돼지를 끌어내는 것이 가장 힘들었다. 몸무게가 200~300Kg 되는 것 같았다. 그때 엄마가 "날석아! 돌석아!" 하고 우리를 찾으셨다. 우리는 "네"라고 답하고 멧돼지를 질질 끌고 집으로 왔다. 고소하고 맛있는 냄새가 난다. 배고프다. 아주 맛있을 것 같다.

청동기 삼총사

임유진

오늘도 나의 친구들과 한바탕 놀고 남자애가 잡은 멧돼지로 하루를 끝냈다.

아차! 우리들의 비밀 장소가 생겼다. 바로 동굴인데 "아~! 아~! 아~!" 소리가 울린다. 신기해서 우리들의 그림을 그려 놓았다. 뿌듯하다. 그리고 오늘은 나무 열매를 하나 더 발견했다. 새로운 것을 발견한 여자아이들은 오랜만에 포식을 하였다. 남자아이들은 우리가 열매를 따는 동안 돌을 간다. 우리도 하고 싶다고 하니까 열매나 따라고 족장님이 말씀하신다. 왜 여자는 돌로 사냥을 하는 것이 안 될까? 정말로 해 보고 싶은데. 다음에 만나면 남자애한테 "너만 하지 말고 우리도 하자. 쯧!"이라고 단단히 말해야겠다. 그래도 조금씩 오디를 따면서 먹는 것도 삼총사의 즐거움이다. 그게 있어 난 행복해.

답사 여행의 추억

시간: 년 월 일 ~   년 월 일

장소:

함께했던 사람들:

사진 붙이는 곳

티켓 붙이는 곳

답사할 때 가장 재미있었던 것:

답사할 때 가장 궁금했던 것:

함께 보면 좋은 책, 사이트

추천 사이트

국립중앙박물관 http://www.museum.go.kr
국립광주박물관 http://gwangju.museum.go.kr
국립대구박물관 http://daegu.museum.go.kr
국립제주박물관 http://jeju.museum.go.kr
국립경주박물관 http://gyeongju.museum.go.kr
국립공주박물관 http://gongju.museum.go.kr
국립김해박물관 http://gimhae.museum.go.kr
국립부여박물관 http://buyeo.museum.go.kr
국립춘천박물관 http://chuncheon.museum.go.kr
국립청주박물관 http://cheongju.museum.go.kr
국립전주박물관 http://jeonju.museum.go.kr
국립진주박물관 http://jinju.museum.go.kr
문화재청 http://www.cha.go.kr/
국립문화재연구소 http://www.nrich.go.kr
경기도박물관 http://www.musenet.or.kr
부산박물관 http://museum.busan.go.kr
인천시립박물관 http://museum.incheon.go.kr
검단선사박물관 http://sunsa.incheon.go.kr
진주청동기문화박물관 http://www.jbm.go.kr
고창고인돌박물관 http://www.gcdolmen.go.kr
동북아지석묘연구소 http://www.idolmen.org
한국고고학회 http://www.kras.or.kr
한국청동기학회 http://www.bronzeculture.or.kr
한국청동기학회 http://www.igoindol.net

추천도서

천 번의 붓질 한 번의 입맞춤 | 이건무, 배기동 외 | 진인진
아 그렇구나 우리 역사·원시시대 | 송호정 | 여유당
한국생활사박물관·고조선 | 한국생활사박물관편찬위원회 | 사계절
즐거운 역사 체험 어린이 박물관 | 국립중앙박물관
우리 역사 이야기 1 | 장콩 선생 | 살림
진주청동기문화박물관 | 서영남 | 스쿨김영사
한국사 편지 1 | 박은봉 | 책과함께어린이
키워드 한국사 1 | 김성환 | 사계절
고조선 소년 우지기, 철기 공방을 지켜라 | 김남중, 송호정 | 사계절

참고도서

청동기시대의 대평, 대평인 | 국립진주박물관
요시노가리 일본 속의 고대 한국 | 국립중앙박물관
국립중앙박물관 도록 | 국립중앙박물관
청동기시대 마을 풍경 | 국립중앙박물관
호서지역의 청동기문화 | 충남대학교박물관
세계문화유산 화순고인돌 | 동북아지석묘연구소
세계유산 고창고인돌 | 동북아지석묘연구소

사진목록